Matti Ostrowski

Die politische Philosophie Thomas Hobbes´

GRIN - Verlag für akademische Texte

Der GRIN Verlag mit Sitz in München hat sich seit der Gründung im Jahr 1998 auf die Veröffentlichung akademischer Texte spezialisiert.

Die Verlagswebseite www.grin.com ist für Studenten, Hochschullehrer und andere Akademiker die ideale Plattform, ihre Fachtexte, Studienarbeiten, Abschlussarbeiten oder Dissertationen einem breiten Publikum zu präsentieren.

Dokument Nr. V173512 aus dem GRIN Verlagsprogramm

Matti Ostrowski

Die politische Philosophie Thomas Hobbes'

GRIN Verlag

Bibliografische Information der Deutschen Nationalbibliothek: Die Deutsche Bibliothek
verzeichnet diese Publikation in der Deutschen Nationalbibliografie; detaillierte bibliografische Daten sind im Internet über http://dnb.d-nb.de/ abrufbar.

1. Auflage 2011
Copyright © 2011 GRIN Verlag
http://www.grin.com/
Druck und Bindung: Books on Demand GmbH, Norderstedt Germany
ISBN 978-3-640-93725-7

Inhaltsangabe

1. Einleitung

„Homo homini lupus" – Der Mensch ist des Menschen ein Wolf.[1] Mit diesem Zitat reduzierte Thomas Hobbes Mitte des 17. Jahrhunderts den Menschen auf ein Wesen, das sich ohne eingreifende Gewalt (selbst-)zerstörerisch gegenüber seinen Mitmenschen verhält. Er schloss damit an das bereits knapp 100 Jahre vor ihm entwickelte negative Menschenbild Niccolo Macchiavellis an, der diesem von Grund auf misstraute, da dieser selbst gegenüber seinem eigenen Wohltäter undankbar sei. Auf dieser Anthropologie aufbauend entwickelte Thomes Hobbes seinerzeit in seinen politischen Schriften die politisch-philosophische Lehre vom Naturzustand, in dem eben jenes Zitat in vollster Ausprägung zutreffen würde. Dieser Zustand, so Hobbes, könne nur über den rationalistisch begründeten Abschluss eines Gesellschaftsvertrages aller Individuen untereinander und der Übertragung der Macht an eine übergeordnete Instanz – den Staat – überwunden werden.

Doch wie genau sollte ein idealer Staat aufgebaut sein? Hobbes selbst hatte einen vom Gesellschaftsvertrag ausgenommenen absoluten Monarchen vorgeschlagen, was nicht nur die Frage aufkommen ließ, wie dieser sich dann noch legitimieren ließe, sondern auch, warum Thomas Hobbes zu den ersten Aufklärern zählen darf.

Im Zentrum der folgenden Arbeit soll daher im ersten Teil zunächst die politische Theorie Thomas Hobbes´ stehen. Es soll mit Hilfe seiner philosophischen Überzeugungen dargestellt werden, wie der Naturzustand zu verstehen ist und welche praktischen Konsequenzen sich für ihn aus diesem Konstrukt ergeben, beispielsweise die strikte Ablehnung demokratischer Staatsformen und die Einrichtung einer – später „absolutistisch" genannten – Monarchie. Im zweiten Teil der Arbeit wird dann vor allem die Rezeption und Wirkung Thomas Hobbes besprochen. Dabei soll geklärt werden, ob und inwieweit Hobbes trotz seiner heute anachronistisch wirkenden politischer Überzeugung zu den frühen Aufklärern zählt. Denn während bereits Zeitgenossen aller Couleur seine Lehre größtenteils ablehnten, zeigte sich spätestens im 18. Jahrhundert das zweite Gesicht des Denkers und dessen bleibender Einfluss. Ob gewollt oder ungewollt hat er späteren Philosophen und Staatstheoretikern nämlich Instrumente in die Hand gegeben, mit deren Hilfe die politischen Ideen der Aufklärung legitimiert werden konnten.

---

[1] Hobbes, Thomas: Vom Menschen, Vom Bürger, in: Elemente der Philosophie 2/3 (=Philosophische Bibliothek 158) (1994), 3. Aufl., Hamburg: Felix Meiner Verlag, S. 69. Ursprünglich stammt das Zitat von dem römischen Dichter Titus Maccius Plautus. Im Original lautet es: *„lupus est homo homini, non homo, quom qualis sit non novit."* – „Ein Wolf ist der Mensch dem Menschen, nicht ein Mensch, wenn man sich nicht kennt.", Titus Maccius Plautus Asinaria, 495, in: The Latin Library, http://www.thelatinlibrary.com/plautus/asinaria.shtml, Stand 30.3.2011.

2. Thomas Hobbes

Bevor Hobbes' Hauptwerk „Leviathan" und die darin zur Ausgestaltung kommende politische Theorie vorgestellt werden, bietet es sich an, die hierfür maßgebenden biografischen Ereignisse kurz zu schildern. In einem weiteren Schritt soll ebenso der historische Kontext, ohne den seine Theorie nicht erklärbar sein wird, knapp dargestellt werden.

2.1. Kurzbiografie Thomas Hobbes'

Thomas Hobbes wurde am 5. April 1588 in Malemesbury (Südengland) als Sohn eines Landpfarrers geboren. Nach dem Besuch einer Privatschule erreichte er 1607 seinen Abschluss in Philosophie und Logik in Oxford und praktizierte daraufhin zunächst einige Jahre als Privatlehrer. Bereits während seines Studiums zwischen 1603 und 1607 stellte sich heraus, dass er mit der damaligen klassischen Philosophie und Lehre des mittelalterlichen Aristotelismus nicht konform ging. Dennoch beschränkte er sich zunächst auf seine Lehrtätigkeit.[2] Erst die großzügige finanzielle Unterstützung eines seiner Arbeitgeber, die Adelsfamilie der Cavendishs – deren Spross und späteren Graf von Devonshire, William Cavendish, er unterrichtete – ermöglichten ihm ausgedehnte Reisen und Begegnungen mit führenden Politikern und Denkern seiner Zeit. Dies hatte nachhaltigen Einfluss auf seine philosophischen Überzeugungen, die er später vor allem im *„Leviathan"* zum Ausdruck bringen sollte. Zu seinen wichtigsten Bekanntschaften zählten zwischen 1629 und 1634, die Begegnungen mit Galileo Galilei, René Descartes und Petrus Gassendi.[3] Diese Treffen entfalteten bleibenden Einfluss auf sein Verständnis von Wissenschaftlichkeit: So entwickelte sich seine Überzeugung, dass nur eine logisch gültige Wissenschaft zu klaren Aussagen und Wahrheiten führen kann. In der Frage, mit welchen Begriffen und Faktoren die Wissenschaft zu hantieren habe, entschied er sich für die rationalistische Sichtweise. Er lehnte den von Empiristen vertretenen Standpunkt, nur sichtbare Beobachtungen seien als sicher und relevant einzustufen, größtenteils ab. Gemäß des von ihm vertretenen Rationalismus sollte es nur durch die reine Logik des Verstandes möglich sein, wahre Aussagen zu treffen, da diese stets überprüft werden konnten und nicht verschiedenen Betrachtungsweisen oder Umständen

[2] Rembold, Sandra (2007): Das Bild des Menschen als Grundlage der Ordnung: Die Beiträge von Platon, Aristoteles, Thomas Hobbes, John Locke, David Hume, Adam Smith, John Stuart Mill, Walter Eucken und Friedrich August von Hayek, Dissertation, Köln, S. 87
[3] Jacoby, Edmund (2006): 50 Klassiker Philosophen: Denker von der Antike bis heute. Hildesheim: Gerstenberg Verlag. S. 112-115, S. 115.

unterlegen waren. Diese Einstellung und Ausrichtung zur Wissenschaftlichkeit sollte zum einen grundlegend für sein literarisches Werk und seine philosophische und politische Theorie werden und zum anderen verdeutlichen, dass Thomas Hobbes damit bereits zu den frühen Aufklärern zählte.[4] Seine Begegnungen mit Galileo Galilei und die zweijährige Tätigkeit als Sekretär Francis Bacons waren indes prägend für seine anti-theologische Haltung, die man in allen seinen Werken in unterschiedlicher Deutlichkeit wahrnehmen kann.[5] Ebenso verfestigte sich in diesen Jahren seine Hang zum Positivismus.[6]

Als Anhänger der royalistischen Kräfte Englands zwangen ihn die historischen Ereignisse 1640 zur Flucht ins Exil nach Frankreich, wo er zwei Jahre lang als Privatlehrer Karls II. beschäftig war und sein erstes Werk „de cive" verfasste. In diesem entwickelte Hobbes zum ersten mal ausführlich seine Lehre vom Naturzustand, einem Gesellschaftsvertrag und die sinnvolle Übertragung der Gewalt an einen einzelnen Herrscher. Diese Ansicht wurde in seinem 1651 veröffentlichten Hauptwerk „Leviathan or the Matter, Forme and Power of a Commonwealth Ecclesiastical and Civil" ausführlich weiterentwickelt. Bis zu seinem Tod am 3. Dezember 1679 verfasste Hobbes weitere Schriften, von denen als die drei wichtigsten „de corpore" (1655), „de homine" (1658) und „Behemoth or the long Parliament" (1668) gelten.[7]

2.2. Thomas Hobbes im historischen Kontext

Nachdem im vorhergegangenen Abschnitt die bedeutendsten Ereignisse und Einwirkungen von und durch Hobbes' Biografie kurz dargestellt wurden, sollen nun noch die drei wichtigsten historischen Gegebenheiten, die Hobbes´ Menschenbild und Philosophie maßgebend beeinflussten genannt werden. Diese waren (I.) das Auftreten der ersten frühen

---

[4] Reese-Schäfer, Walter (2007): Klassiker der politischen Ideengeschichte: Von Platon bis Marx. München/Wien: R. Oldenbourg Verlag. S. 63-79, S. 65.
[5] Jacoby: 50 Klassiker Philosophen, S. 113.
[6] Zwar wurde der Positivismus namentlich erst durch Auguste Comte im 19. Jahrhundert bekannt. Doch bereits Thomas Hobbes und andere Gelehrte seiner Zeit vertraten ähnliche Positionen. So zum Beispiel die Überzeugung, dass es unerheblich ist, ob die einzelnen Dinge dieser Welt mit einem transzendentalen ´Ding an sich´ zusammenhängen, wie dies noch bei Platon (Ideenlehre) oder dem thomasischen Begriff der „Substanz eine Sache" der Fall gewesen ist.
[7] In „de corpore" verdeutlicht Hobbes seine Lehre von den (körperlichen) Substanzen und deren drei Variationen, während „de homine" hauptsächlich die Lehre vom Menschen und dessen Dasein im Naturzustand beschreibt. „Behemoth" ist die Beschreibung des unerträglichen Naturzustandes, der nur durch den Sieg des Gegenspielers, den Leviathan, überwunden werden kann. Wegen seiner offen zutage tretenden antitheologischen Überzeugung in „Behemoth", wurde diese Schrift auf Wunsch Karls II. nicht veröffentlicht. Es wurde erst posthum 1682 zum ersten mal gedruckt. Siehe auch Jacoby: 50 Klassiker Philosophen, S. 115.

Aufklärer, (II.) die großen Religions- und Bürgerkriege der ersten 17. Jahrhunderthälfte und (III.) die fortschreitende Erkundung und Kolonisierung Nordamerikas.

(I.) Während die eigentliche Frühaufklärung zum Ende des 17. Jahrhunderts einsetze, stellten bereits im 16. Jahrhundert einige Denker philosophische, politische oder theologische Dogmata infrage. So wurden beispielsweise die antiken, bis dato geltenden, aristotelischen Überzeugungen vom Menschen als *„zoon politikon"* und die Transzendentalität aller Dinge angezweifelt. Dem Menschen als sozialen, politischen (Lebe-)Wesen `Mensch` wurde der grundsätzlich undankbare und misstrauische Mensch (so zum Beispiel von N. Macchiavelli) entgegengesetzt. Die Transzendentalität aller Entitäten wurde durch den aufkommenden Empirismus (Galileo) und zumindest zum Teil durch den Rationalismus (Descartes) grundsätzlich infrage gestellt. Auch Thomas Hobbes dachte nicht mehr in den antiken Kategorien Platons und Aristoteles', sondern übernahm vor allem die rationalistische Überzeugung, welche er dann – kombiniert mit einem negativen Menschenbild – in *„Leviathan"* zu einer philosophisch begründeten politischen Theorie über den Naturzustand und dessen Überwindung verband. Dabei schien sich die negative Betrachtungsweise des Menschseins vor allem durch die (II.) historischen Ereignisse im 17. Jahrhundert zu bestätigen, von denen die sich ausbreitende Reformationsbewegung, der Dreißigjährige Krieg (1618-1648) und der englische Bürgerkrieg (1642-1649) Hobbes zu seinen Lebzeiten nachhaltig beeindrucken mussten. Vor allem der erbittert geführte große Religionskrieg, dem fast ein Drittel der europäischen Bevölkerung zum Opfer fiel, war für Hobbes' Menschenbild mit Sicherheit prägend. Seine Gedanken über den Menschen und dessen scheinbar inhärenten Drang zu Gewalt und Krieg kombinierte er letztlich mit den immer häufiger überlieferten (III.) Berichten über die Ureinwohner Nordamerikas zu seiner Lehre vom Naturzustand. Zwar betonte er in all seinen Werken, dass der von ihm entwickelte Naturzustand rein fiktiv sei[8], doch sah er in den kleinen und seiner Meinung nach weitestgehend ungeordneten Gemeinschaften der Indianer eine Art Musterbeispiel für das Leben im Naturzustand. Diesen, für alle Menschen letztlich unheilbringenden Zustand gelte es zu überwinden. Seine Überlegungen zum tatsächlichen Erreichen dieses Ziels sollten daher im Zentrum seines literarischen Gesamtwerks stehen, dessen Kern das Staatsmodell in *„Leviathan"* bildet.

---

[8] Hobbes, Thomas: Der Leviathan, nach der ersten deutschen Übersetzung vollständig neu überarbeitet von Kai Kilian (2007). Köln: Anaconda Verlag, Kapitel 13, S. 136.

3. Hobbes politische Theorie

3.1. Hobbes' „Leviathan"

Der ideale Staat wird in Hobbes' 1651 erschienenen politischen Hauptwerk „*Leviathan* or the Matter, Forme and Power of a Commonwealth Ecclesiastical and Civil" entwickelt. Dieses besteht seinerseits aus vier Büchern: "Vom Menschen" (I), "Vom Staat" (II), "Vom christlichen Staat" (III) und "Vom Reich der Finsternis" (IV).[9] Für die politische Lehre – und somit im Zentrum dieser Arbeit – sind vor allem die ersten beiden Bücher wegweisend. In ihnen wird diese Theorie sukzessive – strikt logisch nacheinander geordnet – entwickelt. Hobbes beginnt mit seiner Menschenkonzeption, beschreibt ausgehend von dieser den 'Naturzustand', um dann mittels der Vertragstheorie seine Lehre vom Staat zu erklären und zu rechtfertigen.

Der Name „*Leviathan*" ist dabei aus der Bibel bzw. der jüdisch-christlich Mythologie entlehnt.[10] Es handelt sich bei dem Wesen Leviathan um eine Art unbesiegbares bzw. allmächtiges Wasserungeheuer, was Hobbes dazu veranlasste, diese Allmacht analog auch in sein Staatsmodell (an den Fürsten) zu übertragen. Dies zeigt sich in beeindruckender Weise schon anhand der Ausarbeitung des Titelbildes (siehe Anhang), dessen Gestaltung im Prinzip bereits den Inhalt des Werkes wiedergibt.

Um dieses richtig interpretieren zu können, muss man zunächst die untere Hälfte betrachten. In deren Mitte befindet sich der Buchtitel. Links und rechts davon werden die fünf verschiedenen weltlichen und geistlichen, *konfliktuellen* Mächte aufgeführt.[11] Diese Konflikte sollen nun überwunden werden, was in Form des Leviathans, des Fürsten, geschieht. Dieser steht in der oberen Bildhälfte über allem. Nur er vermag es, so Hobbes, die Landschaft und die Menschen zu befrieden, was durch Landschaftsidylle und die geordnete Stadt symbolisiert wird. Alles muss daher letztlich auf ihn ausgerichtet sein, weshalb sein Körper aus ihm zugewandten Menschen besteht. Über der weltlich konfliktuellen Sphäre hält er ein mächtiges

---

[9] Condren, Conal (2000): Thomas Hobbes (=TEAS 559). New York: Twayne Publishers, S. 115, 121.
[10] Reese-Schäfer: Klassiker der politischen Ideengeschichte S. 63.
[11] Die weltlichen und geistlichen disharmonischen Elemente werden aufgeführt durch: (I.) Festung und Kirche, (II.) Krone und Bischofshut, (III.) weltliches Geschütz und geistliches Geschütz des Bannstrahls zur Exkommunikation, (IV.) Kriegsmedia (Waffen, Fahnen) und geistliche Waffen (Dreizack des Syllogismus, das zweihörnige Dilemma, sowie die Gabeln und Forken als Zeichen des intelligenten Unterscheidens – allesamt Media für den rhetorischen „Kampf" mit einem Gegner) und zuletzt (V.) weltliche Schlacht bzw. Gewalt und dessen Pendant: das geistliches Konzil als eine Art geistliche Schlacht. Vgl. Kersting, Wolfgang (2009): Thomas Hobbes zur Einführung. 4., aktualisierte Aufl. Hamburg: Junius Verlag, S. 38.

Schwert, um diese zu befrieden bzw. die Harmonie aufrechtzuerhalten, über der geistlichen Sphäre wacht sein Bischofsstab. Er ist also der intelligible, allmächtige monarchische Kopf des aus Untertanen bestehenden heilbringenden Staates – Der Leviathan.[12] Dies verdeutlicht nicht zuletzt der Schriftzug, den man auf der Höhe seiner Krone lesen kann: *„Non est potestas Super Terram quae Comparateur ei"* - „Es gibt keine Gewalt auf Erden, die seiner vergleichbar wäre" (Bibelzitat, Iob 41, 24).[13]

Um verstehen zu können, warum Hobbes diese streng monarchische Konzeption seines Idealstaates gewählt hat, soll in den nächsten Abschnitten Schritt für Schritt die für Hobbes logische Entwicklung vom Naturzustand über den Abschluss eines Gesellschaftsvertrages hin zur Errichtung seines Staatsmodells nachvollzogen werden. Im letzten Abschnitt dieses Kapitels soll dann noch dargelegt werden, warum Hobbes andere Staatsformen, etwa die Demokratie, ablehnte.

3.2. Der Naturzustand

Grundlegend für die Konzeption des Naturzustands ist das Menschenbild, das diesem zugrunde liegt, woraus sich dann die Legitimation eines starken Herrschers herleiten lässt. Der Mensch sei, so die Kernaussage der ersten zehn Kapitel, ein hauptsächlich nach Selbsterhaltung und Lustgewinn strebendes Wesen. Alles andere sei bloßes Mittel hierzu, wodurch das Vorhanden sein eines letzten Zieles oder höchsten Gutes (*„summum bonum"*) von Hobbes verneint wird. Wenn man diesen Grundgedanken über die Beschaffenheit des Menschen in einen fiktiven Zustand überträgt, in dem es keine regelnde Macht oder Instanzen gibt – den Naturzustand – ergibt sich eine ausweglose Lage, aus der sich die Menschen nicht ohne regelnde Instanzen befreien können. Dies schließt Thomas Hobbes aus drei weiteren Prämissen[14]:

---

[12] Ebenda, S. 38f.
[13] Der hier offensichtliche Vergleich mit Gott scheint durchaus gewollt. So findet sich beispielsweise in Kapitel 17 des ersten Buches eine explizite Beschreibung des Leviathan als „sterblicher Gott", Hobbes, Leviathan, Kap. 17, S. 177.
[14] Reese-Schäfer: Klassiker der politischen Ideengeschichte S. 67, siehe auch Rembold: Das Bild des Menschen, S. 99.

1. Alle Menschen sind körperlich und geistig ähnlich ausgestattet. Es gibt keine unüberbrückbaren Unterschiede, da man sich nötigenfalls in Allianzen zusammenschließen und somit Nachteile ausgleichen könnte.
2. Alle Menschen haben dieselben Rechte auf alles. (Naturrecht)
3. Zwischen allen Menschen herrscht Misstrauen, Konkurrenz und Ruhmsucht.[15]

Daraus folgt für Hobbes die Konklusion, dass es im Naturzustand unweigerlich zum Konflikt kommt. Dieser würde dann bis zur Zerstörung oder Unterwerfung des anderen geführt werden. Es käme also zum „Krieg aller gegen alle"[16], einem Zustand völliger Anomie, Chaos und Anarchie, in dem schier endlose Gewalt herrsche, solange es keine einschränkende Macht gibt. Eine der vielen unhaltbaren Zweitfolgen sei letztlich die Verrohung des Menschen, der keinen Künsten, Wissenschaften oder gesellschaftlichen Freuden mehr nachgehen könnte. Als Beleg für sein negatives Menschenbild führt er, obgleich er sich als Rationalist verstand, empirische Beobachtungen an. So würden sich auch in scheinbar friedlichen Zeiten die Menschen aus Furcht und Schutz vor anderen Begleiter suchen, Türen und Schlösser verschließen und sich mit Waffen versorgen. Auch die damaligen Monarchen stünden sich alle feindlich gegenüber, denn auch im Frieden würden sie mittels Spionage, Sabotage und Allianzbildungen faktisch mit- und gegeneinander Krieg führen. Auch zeige das Elend der amerikanischen Ureinwohner, welche Folgen das Leben ohne geordnete Regierung haben muss, nämlich Armut, Elend und Unsicherheit.[17]

Wie bereits angedeutet drehen sich Hobbes′ Gedanken nun darum, wie es möglich wäre, diesen Naturzustand zu verlassen, also den Krieg „aller gegen alle" zu beenden und Frieden in die menschliche Gesellschaft zu tragen. Dieses Ziel kann nur durch das Hinzukommen einer obersten, alles regelnden Macht erreicht werden – eine Aufgabe, welche nur ein allmächtiger Herrscher zufriedenstellend übernehmen könne. Dabei stützt sich Hobbes auf die wenigen positiven Triebfedern, die der Mensch durchaus besitzt und Grundlage dafür sind, dass er den erbärmlichen Naturzustand verlassen kann und will: Die Vernunft, die Furcht vor dem Tod und das Verlangen nach Ermöglichung eines glücklichen Lebens, sowie die Hoffnung das alles auch zu erreichen[18]. Diese Eigenschaften veranlassen die Menschen nämlich ihre

---

[15] Vor allem die dritte Prämisse wiederholt Hobbes oft, da sie die Grundlage seines Menschenbildes ausmacht. So schreibt er unter anderem in Kapitel 17, dass die höchste Freude des Menschen diejenige sei, dass andere nicht so viel besitzen. Hobbes, Leviathan, Kap. 17, S.174, ebenso Hobbes, Leviathan, Kap. 13, S. 135.
[16] Hobbes, Leviathan, Kap. 13, S. 135.
[17] Hobbes, Leviathan, Kap. 13, S. 133-137, ebenso Reese-Schäfer: Klassiker der politischen Ideengeschichte S. 68.
[18] Hobbes, Leviathan, Kap. 13, S. 137.

Situation verbessern zu wollen, was dann im Abschluss eines Gesellschaftsvertrages münden würde.[19]

Bevor diese nächste Stufe auf dem Weg zum idealen Staat dargelegt wird, sollte am Ende dieses Abschnittes und in Vorgriff auf eine der zahlreichen späteren Kritiken Hobbes die Art und Funktion des Naturzustandes kurz erläutert werden. Anders als Kritiker ihm vorwarfen, ist der Naturzustand ein rein fiktives Gedankenkonstrukt, um die Notwendigkeit eines Staates zu legitimieren. Je größer das Elend im Naturzustand gezeichnet wird, umso autoritärer konnte dadurch der einzurichtende Staat konstruiert werden. Hobbes versuchte als Rationalist sich von empirischen Beobachtungen so unabhängig wie möglich zu machen, wenngleich, wie wir oben gesehen haben, dies nicht immer konsequent umgesetzt wurde. Die Beschreibung eines tatsächlichen Naturzustandes lag ihm jedoch fern, was er in Kapitel 13 auch festhielt, in der er konstatiert, dass „es auch niemals [...] eine Zeit [gab], in der ein jeder eines jeden Feind war"[20].

3.3. Der Gesellschaftsvertrag und die Skizzierung des idealen Staates

Der vorangegangene Abschnitt hat gezeigt, dass Hobbes davon überzeugt ist, dass die Menschen sich in einem Zustand, in welchem es weder Gesetze, noch Autoritäten gibt, sich ihren Mitmenschen gegenüber grundsätzlich feindselig und zerstörerisch verhalten. Der Mensch *ist* demnach des Menschen ein Wolf.[21]

Aus diesem Grund entwickelt Hobbes mithilfe der in Kapitel 14 verwendeten Vertragstheorie einen Gesellschaftsvertrag, dem sich alle vernünftigen Menschen anschließen würden. Sowohl ihre Vernunft und ihr Verlangen nach Ermöglichung eines gelingenden Lebens, als auch die Furcht davor, von Stärkeren vertrieben oder vernichtet zu werden[22], würden dazu führen, dass sie untereinander einen Vertrag abschließen. In ihm soll dann das zukünftige Zusammenleben geregelt werden, damit keiner sich mehr fürchten müsste und – zumindest theoretisch – alle die Möglichkeit erhalten können in Frieden nach einem gelingenden Leben zu streben. Da ein Vertrag zugleich beinhaltet, dass man sich Regeln und somit Einschränkungen unterwirft, bedeutet dies zugleich, dass die Menschen auf ihr Recht, alles tun zu dürfen, verzichten müssten. Doch es ist für Hobbes evident, dass eine vernünftige

---
[19] Hobbes, Leviathan, Kap. 17, S. 171.
[20] Hobbes, Leviathan, Kap. 13, S. 136, ebenso Reese-Schäfer: Klassiker der politischen Ideengeschichte S. 69.
[21] „homo homini lupus" – „Der Mensch ist des Menschen Wolf", Hobbes: Vom Menschen, Vom Bürger, S. 69.
[22] Hobbes, Leviathan, Kap. 13, S. 137.

Entscheidung des Menschen dazu führen muss, dieses kleinere Übel dem größeren Übel, nämlich das Verharren im Naturzustand bei gleichzeitiger Beibehaltung des Rechts völliger Handlungsfreiheit, vorzuziehen.[23]

Der Vertragsschluss vollzieht sich dabei in drei Schritten. Im ersten Schritt wird der Naturzustand an sich verlassen. Voraussetzung hierfür sind die ersten beiden „Naturgesetze", nach denen (I.) alle Menschen die Pflicht besitzen, Frieden zu erstreben und zu erhalten und (II.) sobald Frieden herrscht ein jeder auf sein Recht auf alles verzichten muss.[24] Im zweiten Schritt wird durch die wechselseitige Übertragung von Rechten der eigentliche Vertrag geschlossen.[25] Diesen müssen alle zukünftigen Bürger untereinander abschließen.[26] Im letzten, allerdings zentralsten und bedeutsamsten Schritt muss noch für die Einhaltung dieses Vertrags bzw. der Verträge gesorgt werden („Pacta sunt servanda"). Da hierzu die reine Vernunft und Einsicht des Menschen allein nicht zuverlässig genug ist[27], ist für Hobbes die Einrichtung einer Zwangsgewalt notwendig. Diese kann nur der Staat sein, da nur diese Instanz in der Lage sein kann, für Sicherheit zu sorgen. Erst mit der Einrichtung dieser Gewalt können letztlich Begriffe und Werte wie ´Eigentum´, ´Sicherheit´ oder ´Gerechtigkeit´ verbindlich werden.[28]

Im Bezug auf die Regierungsform des zu errichtenden Staates schlägt Thomas Hobbes einen streng monarchisch ausgerichteten Staat vor, denn

„der Staat ist eine Person, deren Handlungen eine große Menge Menschen, kraft der gegenseitigen Verträge eines jeden mit einem jeden, als ihre eigenen ansehen, damit dieselbe nach ihrem Gutachten die Macht aller zum Frieden und zur gemeinschaftlichen Verteidigung anwende"[29]

Bei der näheren Skizzierung der Monarchie stellt sich ein großer Unterschied seiner Vertragstheorie zu anderen (z.B. derjenigen von Rousseau) heraus. Anders als bei späteren Vertragstheorien gibt es zwar die gegenseitig Verpflichtung der Menschen untereinander und gegenüber dem zukünftigen Herrscher, allerdings keine Bindung des Herrschers an bestimmte

---

[23] Das Verharren im Naturzustand setzt er dabei dem „sicheren Tod" gleich, was seine Haltung, dies sei das „größere Übel" unterstreicht. Hobbes, Leviathan, Kap. 14, S. 147.
[24] Die ersten beiden „Naturgesetze" finden sich im 14. Kapitel, während die hier nicht ausgeführten anderen 17 „Naturgesetze" im 15. Kapitel sukzessive eingeführt werden. Ebenda, S. 139.
[25] Ebenda, S. 141.
[26] Reese-Schäfer: Klassiker der politischen Ideengeschichte S. 70.
[27] Hobbes, Leviathan, Kap. 17, S. 171.
[28] Reese-Schäfer: Klassiker der politischen Ideengeschichte S. 70f.
[29] Hobbes, Leviathan, Kap. 17, S. 176.

Rechte und Pflichten gegenüber seinen Untertanen. Der von Hobbes entwickelte Gesellschaftsvertrag ist also die faktische Machtübertragung an einen absoluten Monarchen. Nur so könne soviel Macht konzentriert werden, dass dadurch alle zum Frieden untereinander und zur Verbrüderung gegen auswärtige Feinde angehalten werden.[30] Die Bedeutung der inneren und äußeren Sicherheit als oberste Bedingung und Abgrenzung zum elenden Naturzustand spielt bei der Machtverteilung also eine tragende Rolle.[31]

Und so muss der Monarch, um seinen Aufgaben gerecht zu werden, unter anderem die volle militärische Macht innehaben, Steuern erheben können und sämtliche Münz- und Marktrechte verteilen. Zudem soll er das religiöse und das geistige Leben stets im Auge haben, kontrollieren, beeinflussen und zensieren können, um mögliche Verschwörungen gegen ihn oder das Aufkommen von Unruhen zu unterbinden. Nur wenn der Herrscher keiner direkten Kontrolle unterliegt, so Hobbes, kann er diesen Anforderungen unkompliziert und zufriedenstellend gerecht werden.[32]

Die Untertanen sind in Hobbes´ Staatsmodell hingegen zum strengstem Gehorsam gegenüber dem allmächtigen Herrscher verpflichtet. Daraus folgt, dass sie kein Widerstandsrecht ihm gegenüber besitzen. Dies ist in der Logik des „Leviathan" auch nicht vorgesehen. Denn mit der legitimierenden Übertragung der Macht an einen Herrscher, würden dessen Handlungen zugleich auch zu Handlungen jedes einzelnen Untertanen werden. Und gegen eigene Handlungen zu rebellieren, so die Logik, sei sinnlos.[33] Die Außenvorhaltung des Monarchen bedeutet letztlich auch, dass dieser niemals unrecht handeln kann. Gemäß Hobbes´ Rechtsvorstellung kann Unrecht nämlich nur dann geschehen, wenn gegen geltende Gesetze oder Verträge verstoßen wird. Dies kann aber bezüglich des von Verträgen und Gesetzen eben nicht tangierten Herrschers nie der Fall sein. Weitere wichtige moderne staatstragende Elemente wie die Gewaltenteilung sieht Hobbes ebenfalls nicht vor, da die geteilten Gewalten gegenseitig in Konflikt geraten könnten und dadurch die Gefahr des Rückfalls in den Naturzustand bzw. Bürgerkrieg droht.

Insgesamt lässt sich an dieser Stelle daher festhalten, dass Hobbes´ Gesellschaftsvertrag zwar der Versuch ist, das Gewaltmonopol des Staates auf die allgemeine Zustimmung aller Individuen zurückzuführen und als Medium innerhalb der Trias Naturzustand – Vertrag –

---

[30] Ebenda, S. 176f.
[31] Auf die Wichtigkeit der „Sicherung des Genusses für die Zukunft" weist unter anderem hin: Rembold: Das Bild des Menschen, S. 97.
[32] Jacoby: 50 Klassiker Philosophen, S. 114; ähnlich bei Reese-Schäfer: Klassiker der politischen Ideengeschichte S. 73, sowie Kersting: Thomas Hobbes zur Einführung, S. 22.
[33] Condren: Thomas Hobbes, S. 127.

Staat fungiert.[34] Die konkrete Ausformulierung des idealen Staates mit der außergewöhnlichen Stellung des Monarchen lässt aber zumindest die Frage offen, ob die Menschen des Naturzustandes dieser Regelung bzw. Nichtregelung ausnahmslos zustimmen würden. Ist der Leviathan nämlich einmal ernannt, haben die Bürger keinerlei Kontrolle mehr über ihn, was zu der von Reese-Schäfer auf den Punkt gebrachten Feststellung führt, dass der Monarch „im Grunde […] als einziger ausgenommen [bleibt] und […] zu seinen Untertanen in einem Verhältnis des Naturzustandes [steht]".[35]

3.4. Vorzüge der Monarchie und Kritik der Demokratie

Um seine Vorstellung des oben skizzierten allmächtigen Alleinherrschers zu legitimieren, erläutert Thomas Hobbes in Kapitel 19 welche Arten von Staatsverfassungen es gibt und warum die Monarchie den anderen – insbesondere der Demokratie – vorzuziehen ist. Dabei vertritt er die Meinung, dass es allgemein nur drei Staatsformen gibt[36], unterschieden dadurch, ob einer, wenige oder alle die Macht ausüben. Namentlich nennt er (I.) die monarchische Regierung, nach der alle Gewalt in den Händen eines einzigen liegt, (II.) die aristokratische Staatsverfassung, in der die Gewalt einer ausgewählten Gruppe (meist dem gehobenen Bürgertum) anvertraut wird und (III.) die demokratische Regierungsform, in der die Gewalt von der Gesellschaft ausgeht.[37]

Von allen drei möglichen Staatsformen zieht Hobbes die Monarchie den anderen beiden vor. Seine Argumentation stützt sich dabei hauptsächlich auf ein Effizienzargument, nachdem dort, wo das Wohl aller am engsten mit der machthabenden Gewalt verbunden ist, dieses auch am besten bzw. effektivsten gesichert sei. Innerhalb eines monarchisch geordneten Staates sei dies am ehesten gewährleistet. So geht er davon aus, dass in Kriegszeiten schnelle Entschlüsse gefasst und umgesetzt werden müssen. Dies, so Hobbes, sei durch einen allmächtigen Monarchen am besten gewährleistet, weil dieser ohne Zwischeninstanzen und Diskussionen allein Maßnahmen ergreifen kann. Ist er sich nicht sicher, so stehe es ihm frei, sich die begabtesten Bürger zu Rate zu ziehen. In einer Demokratie hingegen dürften auch

---

[34] Kersting: Thomas Hobbes zur Einführung, S. 32.
[35] Reese-Schäfer: Klassiker der politischen Ideengeschichte S. 73.
[36] Die meist von antiken Denkern vorgenommenen Abstufungen bzw. Abarten der drei Staatsformen – Tyrannei, Oligarchie, Anarchie – lehnt Hobbes als eigenständige Staatsformen ab. Seiner Meinung nach wären dies bloß negative Interpretationen der von ihm bereits genannten drei Grundformen. So würde nur derjenige den Monarch einen Tyrannen nennen, der von ihm ungerecht behandelt werde. Ähnlich verhielte es sich mit Unzufriedenen innerhalb aristokratischer oder demokratischer Regierungsformen. Hobbes, Leviathan, Kap. 19, S. 188.
[37] Ebenda, S. 188, 195f.

Unerfahrene und Unwissende mitreden und da jeder einmal Redner sein wolle, würde letztlich viel Zeit vergehen und am Ende entweder gar keine oder schlechte Beschlüsse gefasst werden. Zudem müssten stets alle anwesend sein, was Hobbes für utopisch hält und deshalb davon ausgeht, dass eigentlich nie legitime Beschlüsse gefasst und umgesetzt werden könnten. Auch zu Friedenszeiten sieht er klare Vorteile der Alleinherrschaft. Da ein Monarch stets alleine regiert, kann er auch nie mit sich uneinig sein. Anders in einer Demokratie: Die multiple Habsucht und Missgunst der einzelnen Demokraten würde uneinig machen und immer wieder zum Bürgerkrieg führen. Zudem würde dadurch, dass es viele Gewaltinhaber gäbe auch die Vetternwirtschaft multipliziert, da sich die Zahl der Verwandten und Günstlingen mit der Zahl der Machtinhaber potenziert. Das Problem der Patronage gesteht er zwar auch einer Monarchie zu, hält es aber aufgrund der beschränkten Zahl an möglichen Günstlingen für vernachlässigenswert.[38]

Kurz zusammengefasst ist Hobbes also davon überzeugt, dass durch die effiziente, leichte und schnelle Entscheidungsfindung, sowie die Reduzierung der Bürgerkriegsgefahr die Monarchie die beste Staatsform ist. Dadurch, dass der Monarch letztlich auch von der Liebe und Unterstützung seiner Untertanen abhängig ist und er den Willen aller Untertanen repräsentiert, würden das Interesse von Volk und Herrscher eng zusammenfallen, was am ehesten dazu führt, dass für das Wohl und die Sicherheit aller gesorgt ist.

4.   Rezeption und Kritik

Nachdem vorhergegangenen Kapitel das Hauptwerk und dessen zentrale politisch-philosophische Idee eines mittels Naturzustand und Vertragstheorie legitimierten streng monarchischen Staates nachgezeichnet wurde, soll in diesem Kapitel auf die Wirkung und die Kritik an Hobbes´ Vorstellungen eingegangen werden. Es soll dabei vor allem die Frage beantwortet werden, welche unmittelbaren und mittelbaren Auswirkungen seine Vorstellungen von Naturzustand, Gesellschaftsvertrag und allmächtiger Monarchie gehabt haben.

---

[38] Ebenda, S. 190-192.

4.1. Rezeption

Eine der wichtigsten Folgen der Hobbesschen Philosophie ist die Mitbegründung der neuzeitlichen politischen Philosophie. Mit seinen Schriften unterstütze Thomas Hobbes die Entfernung von metaphysischen, insbesondere aristotelischen Denkvorstellungen (siehe unten).[39] In den Vordergrund rückten nun Szientismus und Physikalismus, also die Überzeugung, dass man mit naturwissenschaftlichen Methoden alles erklären kann und eigenständige geistige Wahrheiten nicht existieren. Mit der Übernahme der ökonomistischen Moraltheorie, nach der Moral als intelligente Vorteilsmaximierung zu betrachten ist, vollendete er die bereits früher veröffentlichten Überzeugungen Macchiavellis. Was dieser noch vor allem auf die Fürsten bezog, verallgemeinerte Hobbes für alle Menschen und erweiterte dessen Annahmen so zu anthropologischen Feststellungen.[40]

Interessant ist auch die politische Tragweite vor allem des *„Leviathan"*. So kristallisieren sich in diesem Werk, wie auch in Hobbes' gesamten Leben, zwei sich widerstrebende Richtungen heraus: Zum einen beschreibt er nämlich schon sehr früh aufklärerische Ideen, zum anderen gibt er hierauf eine absolutistische Antwort. Während der Leviathan in vielen Details den sich kurz darauf folgenden absolutistischen Herrschern glich (so zum Beispiel Ludwig XIV, der den Ausspruch prägte *„L'État c'est moi"* – „Der Staat bin ich") und Hobbes damit als Wegbereiter des politischen Absolutismus gelten darf, unterstützten seine aufklärerischen Ideen später eine nicht minder radikalere Gegenbewegung. So übernahm Henry Rousseau die bei Hobbes zum ersten mal angewandte Naturzustands-Theorie und folgerte daraus einen Gesellschaftsvertrag, in dem allerdings das Volk der Souverän sein sollte. Dies trug nicht unmaßgeblich zu den Forderungen amerikanischer oder französischer Revolutionäre nach Ausarbeitung einer Verfassung bei, welche in beiden Revolutionen zumindest teilweise umgesetzt wurde.[41]

Außergewöhnlich und folgenreich war auch die strikte Abkehr vom bis dahin vorherrschenden Aristotelismus. Hobbes wollte sich von diesem nicht nur abgrenzen, sondern negierte dessen Vorstellungen von Grund auf. Die aristotelische Annahme, dass es von Natur aus Menschen gibt – die Weisen bzw. die Philosophen – die zum Herrschen bestimmt sind

---

[39] Chwaszcza, Christine (2006): Thomas Hobbes. In: Maier, Hans / Denzer, Horst (Hg.): Klassiker des politischen Denkens, Band 1: Von Plato bis Hobbes. Völlig neu bearbeitete Ausg. der 6., gebundenen Aufl. München: Verlag C. H. Beck. S. 209-225, S. 210.
[40] Siehe Kersting: Thomas Hobbes zur Einführung, S. 8-13, ebenso JA 114 und Reese-Schäfer: Klassiker der politischen Ideengeschichte S. 78.
[41] Jacoby: 50 Klassiker Philosophen, S. 114, siehe auch Reese-Schäfer: Klassiker der politischen Ideengeschichte S. 78.

verneinte er und setzt dem seine Vorstellung von grundsätzlich annähernder Gleichheit aller Menschen entgegen.[42] Aristoteles´ Kooperation und Kollektivismus ersetzt er durch Konfrontation und Individualismus. Die postulierte Einheit von Natur und Politik negierte er und behauptete deren Gegensätzlichkeit und der Theorie des guten und gelingenden Lebens setzte er die Theorie der Selbsterhaltung entgegen.[43] Während Aristoteles die Tyrannis kritisierte, erlaubte Hobbes jede Form der Einzelherrschaft und bestritt das von Aristoteles zugegebene Recht des bürgerlichen Widerstandes.[44] So zeigt sich, dass nach Hobbes der Mensch eben nicht, wie von Aristoteles angenommen, ein *„zoon politikon“* ist, also ein grundsätzlich politisches und soziales Wesen, das von Natur aus nach Gemeinschaft sucht.[45] Von Natur aus, dies zeigten die Ausführungen in *„Leviathan“*, sei der Mensch nämlich ein egoistisches, asoziales, bindungsloses und nach Selbsterhaltung strebendes Wesen, das in steter Konkurrenz zu seinen Mitmenschen steht.[46]

In der Moderne wurde Hobbes vor allem in zweierlei Richtungen interpretiert. Während Carl Schmitt die anti-liberale und anti-pluralistische Grundhaltung seiner Werke hervorhob und weiterführte, versuchten Denker wie John Rawls mit Hilfe der Naturzustandslehre (leicht modifiziert zum „Urzustand“) sozial-liberale Theorien zu begründen.[47]

4.2. Kritik

Die politische Theorie galt bereits unter Zeitgenossen als aufrührerisch. Dies zeigt allein der Umstand, dass Thomas Hobbes im Zuge des englischen Bürgerkrieges sowohl von Royalisten, als auch von den Parlamentariern und der Kirche ablehnend behandelt wurde. Königstreue Kräfte sahen in ihm eine Gefahr, weil seine Theorie prinzipiell auch Usurpatoren wie Oliver Cromwell legitimierte, während die demokratischen Kräfte Hobbes´ Königstreue, sowie seine Überzeugung vom Absolutismus und die Ablehnung der Gewaltenteilung

---

[42] Hobbes, Leviathan, Kap. 15, S. 158f.
[43] Kersting: Thomas Hobbes zur Einführung, S. 32f.
[44] Iorio, Marco (2008): Thomas Hobbes – der Aristoteliker. In: Archiv für Rechts- und Sozialphilosophie. Bd. 94, S. 295-310, S. 307f.
[45] Diese Auffassung ist allerdings nicht unbestritten. So wird darauf verwiesen, dass auch Hobbes, wie Aristoteles, an einigen Stellen das gute bzw. zufriedene Leben als Endziel menschlichen Lebens formuliert. Auch auf die fast identische Rolle des Staatsbürgers als ein den Gesetzen gehorchendes Individuum wird verwiesen. Zudem wird behauptet, dass Hobbes auch im Naturzustand das Vorhandensein des Menschen als „zoon politikon“ theoretisch erlaubt. Iorio: Thomas Hobbes – der Aristoteliker S. 298f., 302f, 305f.
[46] Kersting: Thomas Hobbes zur Einführung, S. 13, 32, ebenso Jacoby: 50 Klassiker Philosophen, S. 113f.
[47] Vgl. Chwaszcza: Thomas Hobbes, S. 224. Wegen dieser unterschiedlichen Rezeption in der Moderne spricht Kersting: Thomas Hobbes zur Einführung, S. 204-207 von „weißer“ und „schwarzer“ Hobbes-Rezeption.

verurteilten.[48] Die Kirche hingegen missbilligte seine Religions- und Metaphysikkritik, sowie seine Egoismus-Lehre, was nicht zuletzt dazu führte, dass sein Werk „Behemoth" erst posthum veröffentlicht wurde und „Leviathan" und „de cive" 1683 verbannt wurden.[49] Auch der negative anthropologische Ansatz zog bereits damals Kritik auf sich. Vor allem Rousseau stimmte Hobbes' Menschenbild im Naturzustand nicht zu. Der Vorwurf: Hobbes projiziere den zeitgenössischen Menschen des 17. Jahrhunderts in den Naturzustand hinein. Der natürliche Mensch sei aber ein anderer, nämlich ein grundsätzlich friedvolles und altruistisches Wesen.[50]

Neben der zeitgenössischen Kritik lassen sich manche zentrale Stellen im Leviathan vor allem aus heutiger Sicht in Frage stellen. Dazu zählt nicht nur Hobbes Einschätzung, dass Gewaltenteilung mit Bürgerkrieg gleichzusetzen ist, sondern auch seine primäre Begründung des Vorzugs von Absolutismus vor Demokratie. Seine zentrale These hierbei ist das Effizienzargument, demnach Alleinherrscher schneller, effektiver und am ehesten im Interesse des Volkes entscheiden würden. Dieses Argument müsste er heute unter Betrachtung dreier Gesichtspunkte verteidigen:

(1.) Welche Vorzüge könnten schlechte, inkompetente, beratungsresistente oder gar verrückte Herrscher geltend machen? Wie können schlechte, zu späte oder nicht getroffene Entscheidungen verhindert werden?

(2.) Hobbes kritisiert die Demokratie mit ihrer scheinbar ausufernden Vetternwirtschaft, die er für eine absolute Monarchie ausschließen möchte. Die Geschichte des Absolutismus in Frankreich zeigt uns allerdings, dass eben diese nahezu absolutistischen Herrscher (vor allem Ludwig XIV-XVI) ihr Land durch Vetternwirtschaft, Ruhmsucht, Arroganz und Verschwendung in den (monarchischen) Abgrund geführt haben, indem sie durch dieses Verhalten maßgeblich zur Revolution von 1789 beigetragen haben. Wie passt dieser Umstand in Hobbes Gleichung – je weniger Regierende, desto kleiner der Kreis möglicher Günstlinge?

(3.) Mit Sicherheit ging Thomas Hobbes in Ermangelung anderer Beispiele im 17. Jahrhundert vom antiken Demokratiebegriff aus. Dieser bezog sich auf die athenische, heute würden wir sagen „direkte", Stadtstaat-Demokratie, in der tatsächlich jeder einzelne Bürger dieselben Rechte innerhalb der fast täglichen Volksversammlungen hatte. Dass unter diesen Bedingungen kein Staat des 17. Jahrhunderts zu regieren war, rechtfertigt Hobbes' Kritik zunächst. Doch welche Haltung würde er gegenüber den heute größtenteils sehr gut

---

[48] Condren: Thomas Hobbes, S. 119.
[49] Reese-Schäfer: Klassiker der politischen Ideengeschichte S. 78.
[50] Ebenda, S. 68.

funktionierenden *parlamentarischen* Demokratien mit Experten in den Ministerien und deren klar geregelten Kompetenzen und Abläufen einnehmen?

5. Bewertung

In Anbetracht der umfangreichen und oft berechtigten Kritik an Thomas Hobbes' politisch-philosophischer Lehre bleibt am Schluss die Frage, welchen Einfluss der Philosoph bis heute hinterlassen hat.

Mit Sicherheit sind einige seiner Ansichten aus heutiger Sicht überholt und können daher zurecht als Relikte seiner Epoche betrachtet werden. So zum Beispiel die von ihm postulierte enge Verbindung von Gewaltenteilung und Bürgerkrieg oder die Notwendigkeit absoluter und ungeteilter Macht in der Hand eines einzelnen. Auch das Bild des Menschen und dessen Rolle im Staat hat sich schon sehr bald, wenn auch nicht auf einen Schlag, geändert. Bereits die ersten aufgeklärten Herrscher, beispielsweise Friedrich der II. („der Große") oder Maria Theresia und Joseph II., entwickelten Mitte des 18. Jahrhundert ein stark gewandeltes Rollenverständnis der Fürsten und ihrer Untergebenen. Sie betrachteten diese zum ersten mal nicht mehr als *Untertanen*, sondern als *Bürger*, die ihrem Fürsten gegenüber Rechte geltend machen konnten. Der Fürst wurde fortan immer seltener als uneingeschränkt herrschender Monarch begriffen, sondern als erster Diener des Staates.

Im geschichtlichen Kontext betrachtet sind Hobbes´ Überzeugungen allerdings durchaus nachvollziehbar und für die politische Theorie und Philosophie nachhaltig von Bedeutung geblieben. Zum einen, weil er den Ansatz Macchiavellis erweiterte und ein dessen für Fürsten geltendes – durchaus diskutables – negatives Menschenbild zu einem allgemein gültigen anthropologischen Ansatz erweiterte und auch dessen politische Theorie fortentwickelte, nach der nur eine konsequente Machtausübung das Mittel zu Frieden und Ordnung innerhalb eines Staates sein kann.[51] Zum anderen, weil er die über Jahrhunderte dominante politische Theorie Aristoteles´ und Abhängigkeit von der Theologie vollständig zu widerlegen versuchte und damit als Mitbegründer der neuzeitlichen politischen Philosophie gelten darf.[52] Er machte auf diejenigen Tendenzen im Menschen aufmerksam, die mit der gängigen Vorstellung vom „*zoon politicon*" in Widerspruch gerieten. Gegen das Streben nach Gemeinschaft, Tugend und Gerechtigkeit positionierte Thomas Hobbes das berechtigte, weil absolut

---

[51] Ebenda, S. 65.
[52] Chwaszcza: Thomas Hobbes, S. 210.

überlebensnotwendige, Streben nach Selbsterhaltung und Machterweiterung.[53] Angetrieben von dem Vorhaben die scholastische Philosophie zu überwinden und antike und mittelalterliche Denker wie Platon, Aristoteles oder Thomas von Aquin zu überwinden, intensivierte er neuzeitliche Strömungen wie den Szientismus, Physikalismus, Nominalismus und die ökonomische Moraltheorie.[54]

Mit Hilfe seiner rationalistischen Vorgehensweise konstruierte er mit dem Gesellschaftsvertrag ein philosophisches Medium, das bis heute als Grundlage zur Legitimation aller Verfassungen gelten darf. Dieser ist zwar zunächst kein reales Verfassungswerk – er ist wie der Naturzustand reine Fiktion. Doch es ist ein geeignetes Mittel um die Legitimität einer Regierungsform, sei dies eine (konstitutionelle) Monarchie oder eine Demokratie, auf rationaler Ebene herzuleiten und zu legitimieren.[55] Viele spätere Theoretiker bedienten sich dieses Instruments, um dann für die Notwendigkeit einer allgemein akzeptierten Verfassung zu argumentieren. Die gegen Ende des 18. Jahrhunderts vollzogene Ausarbeitung der ersten Konstitutionen in den USA, Polen und Frankreich dürfen somit auf Thomas Hobbes' erste vertragstheoretische Ansätze, durch die traditionell legitimierende Instanzen wir Natur, Gott oder Herkunft entmachtet wurden[56], mindestens indirekt zurückzuführen sein. Dies geschah auch dem Umstand zu Trotz, dass Thomas Hobbes' Anhänger royalistischer Bewegungen war, welche für gewöhnlich nicht durch ihre aufklärerischen Tendenzen bekannt wurden.

Insgesamt betrachtet sind Hobbes Verdienste daher gewissermaßen ambivalent. Seiner eigenen absolutistischen Überzeugung steht sein für die Aufklärung wegweisender Beitrag entgegen. Als Staatstheoretiker kann man ihn dem Absolutismus, als Philosoph der frühen Aufklärung zurechnen. Dies verdeutlicht nicht zuletzt seine kirchenkritische Haltung, sowie die Tatsache, dass er zu den ersten Denkern gehörte, die von der absoluten Gedanken- und Handlungsfreiheit (zumindest im Naturzustand) überzeugt waren.[57] Es gelang ihm die politische Philosophie auf ein anthropozentrisches und rationales Fundament zu stellen, in dessen Kern die Überzeugung steht, dass ein Staat nur dann legitimiert ist, wenn er sich auf ein von seinen Bürgern anerkanntes Regelwerk berufen kann.[58] Wenngleich Thomas Hobbes dabei einen absolutistischen Staat favorisierte, so ist es uns bis heute doch gelungen diesen

---

[53] Kersting: Thomas Hobbes zur Einführung, S. 29-31.
[54] Chwaszcza: Thomas Hobbes, S. 210-213, ebenso JA 114.
[55] Reese-Schäfer: Klassiker der politischen Ideengeschichte S. 71-73.
[56] Kersting: Thomas Hobbes zur Einführung, S. 35.
[57] Rembold: Das Bild des Menschen, S. 99.
[58] Chwaszcza: Thomas Hobbes, S. 225.

Leviathan durch Rechtsstaatlichkeit, Gewaltenteilung, Grund- und Menschenrechte, sowie die demokratische Mitbestimmung zu zähmen.[59]

[59] Kersting: Thomas Hobbes zur Einführung, S. 12f.

Anhang

Titelbild Leviathan, http://jorni.de/wp-content/uploads/2008/08/illustration_leviathan.jpg, Stand 5.4.2011.

Literaturangaben

Primärliteratur:

- Hobbes, Thomas: Der Leviathan, nach der ersten deutschen Übersetzung vollständig neu überarbeitet von Kai Kilian (2007). Köln: Anaconda Verlag.
- Hobbes, Thomas: Vom Menschen, Vom Bürger, in: Elemente der Philosophie 2/3 (=Philosophische Bibliothek 158) (1994), 3. Aufl., Hamburg: Felix Meiner Verlag.

Sekundärliteratur:

- Chwaszcza, Christine (2006): Thomas Hobbes. In: Maier, Hans / Denzer, Horst (Hg.): Klassiker des politischen Denkens, Band 1: Von Plato bis Hobbes. Völlig neu bearbeitete Ausg. der 6., gebundenen Aufl. München: Verlag C. H. Beck. S. 209-225.
- Condren, Conal (2000): Thomas Hobbes (=TEAS 559). New York: Twayne Publishers.
- Iorio, Marco (2008): Thomas Hobbes – der Aristoteliker. In: Archiv für Rechts- und Sozialphilosophie. Bd. 94, S. 295-310.
- Jacoby, Edmund (2006): 50 Klassiker Philosophen: Denker von der Antike bis heute. Hildesheim: Gerstenberg Verlag. S. 112-115.
- Kersting, Wolfgang (2009): Thomas Hobbes zur Einführung. 4., aktualisierte Aufl. Hamburg: Junius Verlag.
- Reese-Schäfer, Walter (2007): Klassiker der politischen Ideengeschichte: Von Platon bis Marx. München/Wien: R. Oldenbourg Verlag. S. 63-79.
- Rembold, Sandra (2007): Das Bild des Menschen als Grundlage der Ordnung: Die Beiträge von Platon, Aristoteles, Thomas Hobbes, John Locke, David Hume, Adam Smith, John Stuart Mill, Walter Eucken und Friedrich August von Hayek, Dissertation, Köln.

Internet:

- Titelbild Leviathan, http://jorni.de/wp-content/uploads/2008/08/illustration_leviathan.jpg, Stand 5.4.2011.
- Titus Maccius Plautus Asinaria, 495, in: The Latin Library, http://www.thelatinlibrary.com/plautus/asinaria.shtml, Stand 30.3.2011.